Liesa-Marie
Horvat

Nina Schindler
lebt mit Mann und fünf Kindern in Bremen.
Sie war viele Jahre lang als Lehrerin und Literaturkritikerin tätig.
Heute schreibt und übersetzt sie sehr erfolgreich Bücher
für Kinder, Jugendliche und Erwachsene.

Betina Gotzen-Beek
hat Grafik-Design studiert und schon mit vielen Malern
in ihren Ateliers zusammengearbeitet.
Seit 1996 illustriert sie Kinderbücher für verschiedene Verlage.

Nina Schindler

Schulgeschichten mit Freda

Mit Illustrationen
von Betina Gotzen-Beek

In neuer Rechtschreibung

1. Auflage 2001
© Edition Bücherbär im Arena Verlag GmbH, Würzburg 2001
Einbandillustration von Betina Gotzen-Beek
Alle Rechte vorbehalten
Gesamtherstellung: Westermann Druck Zwickau GmbH
3-401-08128-4

Inhalt

Der Prügelhund

Frau Engel ist sehr ärgerlich.

»Es reicht mir jetzt! Ständig diese Prügeleien! Julian, du bist doch fast doppelt so groß wie Felix – kannst du den nicht endlich in Ruhe lassen? Freda, was sollte heute die Klopperei mit Janine? Nein, nein, du brauchst mir jetzt gar nichts zu erklären – ganz egal, was passiert ist, man muss sich nicht prügeln! Man kann auch mit Worten streiten – ich weiß, dass ihr das hervorragend könnt! Hört also endlich mit diesen Schlägereien auf!«

Frau Engel hat sich richtig in Zorn geredet, ihr Gesicht ist ganz rot und ihre Augen funkeln. Die Kinder der 3a sehen lieber zur Seite, niemand möchte jetzt die Aufmerksamkeit der wütenden Lehrerin auf sich ziehen – nee, lieber nicht! Frau Engel versucht sich zu beruhigen und fährt sich mit allen zehn Fingern durch die Haare. Das

kann sie ja auch sehr gut, weil sie neuerdings
die Haare ganz kurz hat. »Wenn ich nur wüsste,
was wir machen sollen!« Sie seufzt. »Ihr
bräuchtet irgendwas, an dem ihr eure Wut
rauslassen könnt! Dann müsstet ihr nicht eure
Banknachbarn verhauen!«
Irgendwo in der Klasse ertönt ein leises Kichern,
dann noch eins, jemand lacht, nun muss auch

Freda rausplatzen – es ist eine Erleichterung,
richtig loslachen zu können.
Frau Engel schaut verdutzt auf die lachenden,
prustenden und gickelnden Kinder und dann
muss sie auch lachen.
»Na, ihr seid mir welche! Erst haut ihr euch die
Nasen platt und jetzt seid ihr die harmlosesten
Früchtchen, die man je gesehen hat!«

Zu Hause erzählt Freda beim Mittagessen von
der Lachsause heute in der Deutschstunde.
Mama muss auch lachen, als sie sich vorstellt,
wie die wütende Frau Engel auf einmal
mitlachen muss. Dann zwinkert sie heftig.
»Mensch, ich weiß was!«

Freda will sofort erfahren, was Mama weiß, aber die tut ganz geheimnisvoll. »Iss erst mal auf. Dann zeig ich dir's.«

So schnell hat Freda noch nie ihre Gulaschsuppe gelöffelt.

Dann geht sie mit Mama auf den Dachboden.

»Wart mal«, sagt Mama. »Hier müsste es sein, bei den Kindermöbeln. Nein, wohl eher dahinten bei den Plüschtieren.«

Freda wird ganz ungeduldig. »Sag mir doch endlich, was wir hier wollen! Dann kann ich dir auch suchen helfen.«

Mama grinst. »Ich suche diesen grässlichen Köter. Den hat vor vielen, vielen Jahren Herr Helfrich auf dem Freimarkt bei der Losbude gewonnen und dann haben sie das Monster uns geschenkt. Das war kurz nach deiner Geburt.

Und weil Papa und ich das Vieh so scheußlich fanden, haben wir uns ganz doll bedankt und es dann auf den Dachboden gebracht – hach, da ist es ja, das Urviech!«

Mama hat eine Plane zur Seite geräumt und darunter kommt ein riesiger Plüschhund zum Vorschein – er ist fast einen Meter hoch, weiß mit braunen Flecken und hat eine rosa Zunge. »Super«, sagt Mama und zerrt den Hund zur Treppe. »Den könnt ihr jetzt als Prügelhund nehmen.« Sie versetzt ihm versuchsweise einen Tritt und einen Kinnhaken. »Der ist weich genug, dass ihr euch nicht verletzt, aber trotzdem ganz schön massiv, möchte wissen, womit die den ausgestopft haben.« Vorsichtig trägt Mama den Hund nach unten.

Am nächsten Morgen wird Freda ausnahmsweise von Papa in die Schule gefahren und er trägt das Monster hoch in Fredas Klasse.

Dann erzählt er der verdutzten Frau Engel, was Mama sich zu dem Hund ausgedacht hat.

Frau Engel ist Feuer und Flamme!

»Eine tolle Idee! Das machen wir! Das ist die Lösung!«

Und dann stellt sie das riesige Hundevieh mitten in die Klasse zwischen die Tischgruppen und alle Kinder dürfen aufstehen und den Hund hauen. Basti gibt ihm eine Ohrfeige, dass die langen Hundeohren nur so schlackern,

Sarah zieht ihn am Ohr, aber nur ein bisschen, Basti haut ihm gegen die Brust und Janine zieht ihn am Schwanz.

Als alle sich mit dem Hund bekannt gemacht haben, sagt Frau Engel: »Vielen Dank, lieber Hund, dass du von jetzt an unser Prügelhund sein willst. Dann müssen die Kinder sich nicht mehr gegenseitig weh tun und dir ist das ja egal. Du spürst ja glücklicherweise nichts.«

Dann fängt die Stunde an. Schon bei der Kontrolle der Hausaufgaben gibt es Unruhe. Rasmus hat Julians Schulmappe umgeschmissen und Julian ist sauer, weil Rasmus die Mappe nicht ordentlich hinstellen will.

»Du-u-u . . .«, sagt er und ballt drohend die Fäuste.

»Immer mit der Ruhe, meine Herren«, sagt Frau Engel. »Julian, bevor du Rasmus jetzt eine scheuerst, gehst du bitte zum Hund und lässt deinen Brass da ab.«

Julian steht auf und verpasst dem Hund einen mächtigen Schwinger. Zufrieden geht er wieder auf seinen Platz.

Als Janine und Kiki sich in die Haare geraten, schickt Frau Engel sie nacheinander zum Hund. Kiki reißt ihm ein bisschen am Ohr und Janine haut ihm eine auf den Rücken. Dann grinsen sie und gehen zurück auf den Platz.

»Na, wunderbar«, sagt Frau Engel. »Vielen Dank, lieber Hund, jetzt müssen sich die Kinder hier nicht mehr gegenseitig verkloppen!«

In den folgenden Tagen passen die Kinder auch schon selber auf, und wenn jemand merkt, dass ihn die große Prügelwut überfällt, steht er rasch auf und drischt auf den Prügelhund ein.

Die Kloppereien unter den Kindern haben ganz aufgehört.

Doch schon in der nächsten Woche, als Alex voller Wut auf Basti loswill und noch gerade die Kurve kratzt und zum Hund rennt, liegt kein rechter Schwung in dem Schwinger, den er ihm

verpasst. Und als Kiki und Freda sich wegen einem Glanzbild zanken, von dem jede behauptet, dass es ihr gehört, machen sie sich auch auf den Weg zum Hund, aber Freda zuppelt ihn nur etwas am Ohr und Kiki tritt ihm ganz leicht gegen das Bein.

»Hm«, sagt Frau Engel.
»So groß war eure Wut dann ja wohl nicht.«
Freda und Kiki sehen sich an und zucken bloß mit den Schultern.

Am nächsten Tag hat es schon zur Stunde
gegongt, aber Frau Engel ist noch nicht da.
Patrick schlendert zum Hund und boxt ihm
gegen die Brust. Dann gibt er ihm noch eine
Ohrfeige.

»Lass das«, sagt Basti drohend.

»Wieso? Wir sollen doch unsere Wut an ihm –«.

»Gar nichts sollst du!«, sagt Rasmus böse.

»Und wenn du den Hund noch mal anfasst,
dann wird dir das Leid tun!«

»Wieso? Frau Engel –«.

»Und wennschon! Dann hat sie das eben
gesagt! Aber ich sage dir, wenn du dem Hund
noch mal was tust, kriegst du's mit mir zu tun!«

»Ach wirklich?«, sagt eine Stimme von der Tür
her. Da steht Frau Engel und lächelt. »Tja, so
was Ähnliches hab ich kommen sehen. Felix und
Basti, kommt doch mal eben mit. Und ihr
andern«, sie schaut dabei besonders Rasmus
an, »ihr verhaltet euch so lange ruhig, ja? Wir
sind gleich wieder da.«

Es dauert auch nicht lange, da sind sie wieder

zurück, aber sie haben was mitgebracht: einen
riesengroßen Karton.

»So«, sagt Frau Engel, »lieber Prügelhund, ich
ernenne dich jetzt zum Klassenhund
ehrenhalber. Da die Kinder dich viel zu gern
mögen, um ihre Wut an dir auszulassen, habe
ich als Ersatz für dich einen fiesen, gemeinen,
ekligen Karton mitgebracht. An dem können sie
sich von jetzt an austoben.«

Und damit rückt Frau Engel den Klassenhund

ehrenhalber ans Fenster und den Karton stellt
sie an den Platz zwischen die Tische.
»So«, sagt sie, »und jetzt kann ich nur hoffen,
dass ihr euch nicht auch noch in den Karton
verliebt, sonst seh ich echt schwarz.«
»Och nö«, sagt Freda. »Zur Not haben wir ja
noch uns zum Kloppen.«

Freda und die Fische

»Heute wollen wir mal über Haustiere reden«,
kündigt Frau Engel zu Beginn der
Sachkundestunde an. »Ich hab nämlich eine
Überraschung für euch. – Tja, wer kann mir
denn mal ein Haustier nennen?«

»Pöh«, sagt Julian, »das ist doch leicht. Ein
Hund.«

»Katze«, ruft Kiki.

»Pferde«, schreit Janka.

»Meerschweinchen«, sagt Karen.

»Kühe«, brüllt Felix.

»Prima«, sagt Frau Engel. »Weiß jemand noch
ein Haustier?«

Eine Sekunde lang herrscht Schweigen, dann
sagt Rasmus: »Ein Dachs.«

Alle lachen und schreien durcheinander: »Das ist doch kein Haustier!«

»Iiih, wie doof, Dachse leben doch im Wald!«

»Nee«, sagt Rasmus. »Nicht der, den ich meine.«

»Aha«, sagt Frau Engel, »dann verrat uns mal deinen besonderen Dachs.«

Rasmus schaut in die Runde und grinst. »Ich meine den Frechdachs, abgekürzt: Freda!«

Ein Riesengelächter ist die Antwort.

Freda ist stinksauer.

Fieberhaft sucht sie nach einem Tier, das zu dem Namen Rasmus passt, aber es fällt ihr keins ein.

»Du Ratte«, zischt sie wütend. »Du stinkige, alte, miese Rasmus-Ratte!«

Aber bei dem allgemeinen Gelächter kriegt das niemand so richtig mit und da wird sie noch wütender, kneift die Lippen zusammen und schaut vor sich auf den Tisch. Sollen die sich doch totlachen, die blöden Deppen!

Das Allergemeinste ist aber, dass Karen und
Kiki mitlachen. Das ist so was von hundsgemein!
Freda merkt, wie ihr die Tränen in die Augen
schießen.
Sie bückt sich runter zu ihrer Mappe, als ob sie
was rausholen wollte, und langsam hört das
blöde Gelächter auch wieder auf.
»Haustiere?«, fragt Frau Engel.
»Ziegen.«
»Schafe.«
»Hühner.«
»Enten.«

Dann sehen sich
die Kinder ratlos an,
bis Lukas auf einmal sagt:
»Fliegen.«
Da müssen wieder alle lachen.
»Klar, und Mücken und Läuse«, schreit Bastian.
Als dann wieder Ruhe eingekehrt ist, fragt Tanja:
»Und was war das für eine Überraschung?«
Frau Engel lächelt geheimnisvoll. »Ich dachte da
an ein Tier, das sich viele im Haus halten, das
keinen Nutzen bringt – aber Schönheit.«
Die Kinder der 3a sehen sich ratlos an und
verziehen die Münder. Hä? Was sollte das denn
sein?
»Wir haben nämlich ein Geschenk bekommen«,
redet Frau Engel weiter. »Jemand hat uns ein
Geschenk gemacht. Es ist ungefähr einen Meter
lang, fünfzig Zentimeter hoch und dreißig
Zentimeter tief –«.
»Ein Backsteinhund«, schreit Freda, die ganz
vergessen hat, dass sie nie wieder was sagen
wollte.

Aber das konnte sie sich einfach nicht verkneifen.

Frau Engel lacht. »Nicht schlecht. Aber das ist auch nicht die Form des *Tieres,* sondern seiner *Wohnung.*«

»Ein Aquarium?«, schreit Kiki.

»Richtig! Wir haben ein Aquarium geschenkt bekommen. Ein Nachbar von mir, ein älterer Herr, zieht zu seiner Tochter und hat mich gefragt, ob wir es nicht haben wollen. Ich hab natürlich gleich Ja gesagt. Wenn ihr es nicht wollt, dann stelle ich es mir in mein Wohnzimmer −«.

»Nein!«

»Bloß nicht!

»Klar wollen wir das!«, brüllen die Kinder laut durcheinander.

Frau Engel hebt die Hände als Zeichen, dass nun wieder Ruhe einkehren soll.

Als es dann still ist, spricht sie weiter: »Wir müssen aber natürlich gut für die Fische sorgen. Dazu gehört ein Wochenplan, wer mit füttern

und Futter kaufen und Aquarium sauber machen
dran ist. Ich hab ein Büchlein gekauft, in dem
steht alles drin, und das werden wir zusammen
lesen und uns merken, was wir alles zu tun
haben.«

»Was sind da denn für Fische drin?«, fragt Felix.

»Alle Arten kenne ich noch nicht«, antwortet
Frau Engel. »Aber ich kann dir schon sagen,
dass auf jeden Fall Neonfische, Guppys, Black
Mollys und Miniwelse dabei sind.«

»Black Molly«, sagt Julian. »Das klingt ja wie ein böses Mädchen.«

»So ungefähr wie Freda«, sagt Rasmus.

»Du musst dich gefälligst entscheiden«, sagt Freda von oben herab, »bin ich nun ein Dachs oder ein Fisch?«

Da müssen wieder alle lachen.

Am nächsten Tag wird das Aquarium in die Klasse gebracht. Sie stellen es an die Fensterwand, aber es gibt auch elektrisches Licht im Aquarium.

Gespannt sehen die Kinder zu, wie Frau Engel das Futter auf die Wasseroberfläche streut und wie die Fische dann hoch geschossen kommen und danach schnappen.

Nur die beiden kleinen Welse schwimmen unten

in der Nähe des Sandbodens herum und
fressen, was runterfällt.

»Ich finde die Neons am hübschesten.« Karen
seufzt. »So schöne Farben.«

»Ffft, aber nur die Männchen«, sagt Freda
abfällig. »Die Weibchen sehen total langweilig
aus.«

»Dafür werden sie vielleicht auch nicht so
schnell aufgefressen«, sagt Niki und kichert.

»Ich meine im Meer, wo sie auch Feinde haben.
Die schnappen sich bestimmt immer erst die
Bunten weg.«

»Mir gefallen die Mollys am besten«, erklärt
Freda. »Schaut mal, die tun so, als ob ihnen das

Aquarium gehört. So richtig stolz und vornehm schwimmen die rum.«

In den nächsten Tagen streiten sich die Kinder darum, wer füttern darf, denn alle finden es toll, wenn die Fische angesaust kommen und nach den winzigen Krümeln schnappen. Dann ist der Wochenplan fertig und jeder weiß, wann er oder sie etwas zu tun hat.

Frau Engel liest die wichtigsten Kapitel aus ihrem Aquariumbuch vor, sie schreibt die Fischarten an die große Tafel und die Kinder zeichnen sie ins Heft.

Doch dann kehrt wieder der Alltag ein und das Aquarium steht nicht mehr so im Mittelpunkt. Doch immer noch versammelt sich in der ersten großen Pause fast die gesamte Klasse dort und schaut beim Füttern zu. Frau Engel ermahnt immer wieder, dass die Fische nicht zu oft gefüttert werden, und sieht mit Sorge, wie die Guppys und ihre Gefährten hinter Glas immer dicker werden. Aber das Füttern macht nun mal den meisten Spaß und deshalb greift immer mal wieder jemand zum Döschen und schüttet was rein – schließlich ist Frau Engel nicht immer im Klassenraum und die anderen Lehrer wissen ja nichts von dem Futterplan.

Endlich ist auch Freda dran. Zusammen mit Julian hat sie Fischdienst und sie genießt es genauso wie die andern, dass die Fische sofort angeschossen kommen, wenn sich die Hand mit der Futterdose der Wasseroberfläche nähert.

»Menno, das ist ja schöner als fernsehen«, sagt
Julian und drückt sich die Nase an der
Glasscheibe platt.
»Mhm«, sagt Freda. »Und du bist der berühmte
Nasenfisch«, und dann streut sie schnell noch
mal einen ordentlich Schwupps Futter ins Wasser
und freut sich über die wild herumzappelnden
Fische.

Am nächsten Tag ist Frau Engel krank, deshalb
dürfen die Kinder der 3a schon nach der dritten
Stunde nach Hause: Pfingstferien!
Freda ist selig, denn sie darf ganz allein mit dem
Zug zu Omi und Opi fahren.

So ein Glück – fünf Tage schönstes
Sommerwetter! Sie fahren ins Waldschwimmbad
und Eisessen, sie faulenzen unterm
Sonnenschirm im Garten und veranstalten ein
Grillfest. Freda hilft Omi beim Salatschnippeln
und wird für ihre Salatsoße sehr gelobt.

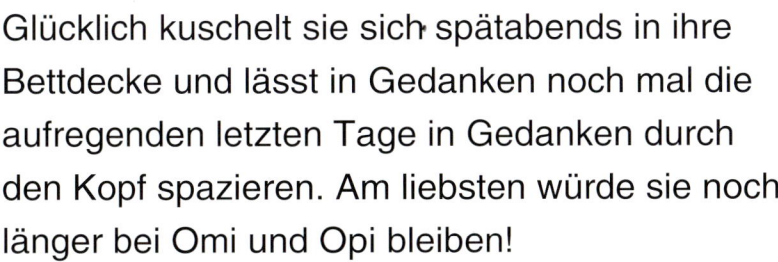

Glücklich kuschelt sie sich spätabends in ihre
Bettdecke und lässt in Gedanken noch mal die
aufregenden letzten Tage in Gedanken durch
den Kopf spazieren. Am liebsten würde sie noch
länger bei Omi und Opi bleiben!
Aber nein – übermorgen muss sie wieder in die
doofe Schule gehen!
Schule!
Plötzlich sitzt Freda aufrecht im Bett.

Die Fische!

Wer hat sich in den letzten Tagen um die Fische gekümmert?

Hat jemand das Aquarium mit nach Hause genommen?

Hat Frau Engel es geholt?

Hatte die denn trotz ihrer Krankheit an die Fische gedacht?

Schuldbewusst denkt Freda an die vergangenen sorglosen Tage. Nicht einen klitzekleinen Gedanken hat sie an die Fische verschwendet! Dabei hatten Julian und sie doch Fütterdienst gehabt . . .

Ob Julian an die Fische gedacht hat?

Nee, der ganz bestimmt nicht! Der denkt doch an nie was, höchstens an Fußball.

Freda ist mit einem Mal ganz übel.

Sie steht auf und schleicht ins Bad.

Ob sie Omi und Opi wecken soll?

Aber was können die mitten in der Nacht schon machen?

Ob sie Papa und Mama anrufen soll?

Aber die können doch auch nicht mitten in der
Nacht in die Schule einbrechen und Fische füttern.
Ob man den Hausmeister anrufen und ihn
fragen kann . . .
Aber sie weiß gar nicht, wo der wohnt.
Außerdem heißt er Meyer. Und seinen
Vornamen kennt sie nicht.
Ob sie Frau Engel anrufen soll?
Aber wenn die nun ganz furchtbar krank ist,
dann würde sie vielleicht noch kränker werden?
Ratlos sieht Freda in den Spiegel und putzt sich
noch mal rasch die Zähne.

Sozusagen als Strafe.
Dann huscht sie wieder zurück in ihr Bett. Sie
macht die Augen zu, denkt noch mal: So ein
blöder Mist!, und dann schläft sie auch schon ein.

Als Freda am nächsten Morgen an ihrem
Brötchen nur herummümmelt und im Gegensatz
zu sonst nur sehr wenig redet, schieben ihre
Großeltern das auf den Abschiedsschmerz. Sie
sind ganz gerührt darüber, dass es ihrer Enkelin
so gut bei ihnen gefallen hat.
Während der Bahnfahrt wirft Freda kaum einen
Blick in das Comic, das Omi ihr noch gekauft
hat.
Sie starrt aus dem Fenster und hört in Gedanken
die anderen in der Klasse immer
»Fischmörderin« rufen.
Ihr ist nach Heulen zu Mute.

Aber Julian hätte ja auch an die Fische denken
können!

Ob der vielleicht . . .?

Nein, der hatte ja rumgetönt, dass er bei seiner
großen Schwester auf einem Campingplatz
wohnen wollte.

Scheiße, Scheiße, Scheiße!

Freda schließt die Augen, aber eine einzelne
Träne rollt bis zu ihrem Kinn und kitzelt.

Ärgerlich wischt sie sie weg.

Und wennschon! Dann ist das eben passiert und
sie kann auch nichts mehr dran ändern.

Blöde Fische.

Die Mutter holt Freda am Bahnhof ab, aber weil
sie schrecklich in Hetze ist und gleich wieder ins
Büro muss, merkt sie gar nicht, dass Freda
kaum mehr als Ja und Nein sagt.

»Du machst dir dann heute Abend selber ein
Brot«, sagt sie. »Papa und ich sind eingeladen.
Wir kommen bestimmt erst gegen elf nach
Hause.«

Auch gut.

Freda war sich noch nicht sicher gewesen, ob
sie den Eltern von dem Fischunglück erzählen
sollte oder nicht. Aber nun geht das ja sowieso
nicht.

Zu Hause streicht sie um das Telefon herum,
aber sie traut sich nicht Frau Engel anzurufen.
Einmal klingelt es plötzlich, als sie es wieder
einmal anstarrt, und sie zuckt erschreckt
zusammen.

Aber es ist Papa, der wissen will, ob alles in Ordnung ist.

»Mmm«, macht Freda.

Nichts ist in Ordnung.

Morgen würden alle Kinder in der 3a mit dem Finger auf sie und Julian zeigen und alle würden sagen: »Mörder!«

Freda ist so unglücklich, dass sie nicht mal die Abwesenheit der Eltern ausnutzt, um einen kleinen Krimi im Fernsehen anzuschauen.

Nee, sie geht lieber ins Bett und hat Alpträume von verhungernden Fischen, die sie mit anklagenden Glubschaugen anstarren oder mit den Bäuchen nach oben tot im Wasser treiben.

Am nächsten Morgen hat Papa verschlafen und deshalb gibt es kein gemütliches Frühstück mit Gesprächen. Darüber ist Freda ganz froh, sie

fürchtet sich nämlich vor den Vorwürfen, die die
Eltern ihr machen werden, wenn sie ihnen alles
gesteht.

Langsam, ganz langsam geht sie zur Schule. Ist
ihr ganz egal, wenn sie heute zu spät kommt, so
trifft sie wenigstens niemanden aus ihrer
Klasse. Sie schleicht die Treppen hoch
bis zum Korridor der dritten Klassen.
Gerade will Frau Engel die Tür
zumachen, als sie Freda
ankommen sieht.

»Rasch, rasch«, sagt sie freundlich.
Hach, wenn Sie wüssten, denkt Freda
und flitzt zu ihrem Platz.

Sie traut sich nicht
zum Aquarium
rüberzusehen
und wundert sich,
dass die andern
alle auf ihren
Plätzen sitzen
und nicht mit

wildem Geschrei bei dem Aquarium auf die Schuldigen schimpfen.

»Na?«, sagt Frau Engel, »Habt ihr euch auch gut erholt? So ein wunderschönes Wetter, nicht wahr?«

»Jaaa«, schreien alle außer Freda.

»Und wie geht's unsern Untermietern?« Frau Engel ist zum Aquarium gegangen und schaut hinein. »Na, wenn mich nicht alles täuscht, hat euch die kleine Hungerkur richtig gut getan! Ihr wart schon so dick geworden, dass ihr bald geplatzt wärt!«

Sie wendet sich der Klasse zu. »Ich finde nämlich, wir haben es ein bisschen mit dem Füttern übertrieben. Jetzt nur noch jeden zweiten Tag, ja?« Sie geht zur Liste.

»Freda und Julian, eure Woche wurde durch die
Ferien ja unterbrochen – ich schlage vor, ihr
macht jetzt einfach weiter. Wollt ihr?«
»Au ja«, sagt Freda, der gerade ein Gebirge von
der Größe des Himalaja von der Seele
geplumpst ist. »Ich finde Fische toll.« Sie kann
plötzlich wieder lachen. »Besonders schlanke.«

Freda hat keine Angst

In der Pause steht Freda mit Karen, Kiki und Janka wie sonst auch an der Hecke zum Schulgarten.

»Warum zankst du dich eigentlich immer mit Rasmus?«, fragt Janka neugierig.

»Hrmpf!«, macht Freda wütend, weil sie gerade von ihrem Käsebrot abgebissen hat und jetzt nicht reden kann.

»Dieser Rasmus ist ja wirklich ein Ekel – der hat von nix 'ne Ahnung, aber er gibt immer so schrecklich an«, sagt Kiki.

»Haramgh!«, macht Freda und beeilt sich mit dem Schlucken.

Karen tätschelt mitfühlend Fredas Arm. »Du legst dich aber auch dauernd mit dem an! Gleich

bist du immer auf achtzig und streitest dich mit
den Jungens rum. Und nie hast du Angst!«
»Nie ist übertrieben«, knurrt Freda. »Zum
Beispiel hab ich vor Spinnen Angst. Die finde ich
einfach widerlich – total!«
Janka lacht. »Das ist nicht wahr!«
»Doch!« Freda kriegt schon bei dem Gedanken
an Spinnen Gänsehaut. »Die gucken mich
immer so eklig an – soooo!«
Sie streckt die Hände aus und lässt die Augen
rollen.

»Iiihhhh!«, quiekt Karen und Janka schreit:
»Hör auf!«
Aber Freda ist jetzt in Fahrt: »Hier kommt die
Spinne! Die scheußlichste Spinne aller Zeiten!
Die absolute Mega-Gruselspinne!«
Dabei nähert sie sich Karen, die laut aufkreischt,
und Janka brüllt: »Freddie! Lass das!«
Aber die Riesenspinne Freda ist nicht mehr zu
stoppen. Langsam, mit rudernden
Armbewegungen und stierem Blick tastet sie mit
den Fingern nach Karens Gesicht.
»Ich bin Spinnelda und ich fresse alle
Kinder!«, singt Freda in Schauertönen. Kiki,
Janka und Karen weichen laut schreiend vor
ihr zurück.
Sehr zufrieden mit der Wirkung ihres Auftritts
beißt Freda wieder ins Pausenbrot.
Janka holt tief Luft. »Manchmal bist du voll fies,
also echt!«, sagt sie und schüttelt sich.
»Stimmt«, sagt Karen.
»Aber ich hab euch zum Lachen gebracht«,
sagt Freda.

Sie holt eine Rolle Gummiband aus ihrer
Hosentasche. »Wollen wir ein bisschen
Gummitwisten?«

»Nee«, sagt Kiki. »Du kannst mich mal!«
Damit dreht sie sich um und geht weg.

»Dann eben nicht«, sagt Freda und zuckt mit
den Schultern.

»Es geht ja auch zu dritt.«

»Nö.« Janka schüttelt den Kopf. »Ich hab keine
Lust.«

»Och, seid ihr öde«, mault Freda. »Was wollen
wir denn dann machen?«

»Wir spielen *Mädchen die Jungs*«, schlägt
Karen vor.

»Au ja!« Janka lacht. »Ich geh mal rüber und
frage.«

Die Jungen sind einverstanden und rennen über
den Schulhof davon, die Mädchen hinterher.
»Wir nehmen Basti zwischen uns«, schreit
Janka. »Dann kriegen wir ihn schneller!«
Anschließend schnappen sie sich Felix. Die
anderen Mädchen der 3a haben inzwischen
mitgekriegt, was läuft, die meisten spielen mit.
Das Rudel der Gefangenen auf der Treppe
wird immer größer; Kiki und Marie haben alle
Hände voll zu tun, um Ausbrechversuche zu
verhindern.
Dann schreit Ulf plötzlich: »Und jetzt die
Jungen die Mädchen! Basti und Flo, ihr seid
die Wärter!« Schon stürzen die Jungen hinter

den Mädchen her und schleppen ihre
Gefangenen anschließend ebenfalls zur
Treppe.

Zum Schluss sind nur noch Freda und Kiki
übrig.

»Los! Auf die Weiber!«, kommandiert Rasmus
und rennt los.

Freda sieht, dass sie eingekreist ist, aber sie
weicht aus, schlägt Haken, duckt sich. Nun hat
Felix sie am Arm erwischt, doch sie rammt ihm
den Kopf gegen die Brust – und vor Schreck

lässt er sie entkommen. Dann gongt es und das
Spiel ist zu Ende.

»Na warte!«, zischt Rasmus, als sie hoch in die
Klasse laufen. »Nächstes Mal krieg ich dich!«
»Angeber«, schnauft Freda. »Und du
Lahmarsch kriegst mich schon gar nicht!«

»Manchmal nimmst du aber den Mund ganz
schön voll«, flüstert Karen, nachdem die Stunde
schon angefangen hat.
»Wieso?«, fragt Freda.
»Weil du so tust, als wärst du die Klügste und

die Stärkste und die Schnellste und überhaupt, und das geht mir manchmal auf den Senkel.«

»Ruhe, ihr beiden«, sagt Herr Vollmer.

»Hausaufgaben raus, bitte.«

Am nächsten Tag hat die 3a in der ersten Stunde Deutsch.

»Arbeit nach Wochenplan«, sagt Frau Engel.

»Wer eine Frage hat oder irgendein Problem, ruft mich.«

»Mistikack«, sagt Freda. »Ich weiß nicht mehr genau, was ich noch zu tun hab und was ich schon erledigt hab.«

»Dann such doch in deinen Heften«, sagt Kiki. Karen zwinkert Kiki zu. »Oder schau schnell auf dem Plan nach.«

»Okay«, sagt Freda und geht zum Wochenplan am Pinnbrett an der hinteren Wand. Da kann sie natürlich nicht sehen, was Kiki und Karen hinter ihrem Rücken tuscheln und machen.

»Blöde öde«, sagt Freda, als sie sich wieder hinsetzt. »Ich hab eigentlich schon alles.«

Kiki und Karen wechseln rasch einen Blick.

»Die Wortarten«, sagt Karen.

»Hab ich längst.«

Freda gähnt.

»Aber wir sollen sie doch bunt unterstreichen.«

Karen zeigt auf Kikis Heft. »Kuck mal, sieht
hübsch aus.«

»Na gut, ich langweile mich ja sonst zu Tode.«

Freda bückt sich und holt ihr Mäppchen mit den
Buntstiften aus der Schulmappe.

Kiki und Karen bücken sich ganz fleißig über ihre Hefte und schreiben eifrig drauflos.

»Eigentlich könnte ich auch das Gedicht lernen«, sagt Freda nachdenklich.

»Nee«, sagt Kiki.

»Nu los, mach schon deine Wortarten«, drängelt Karen.

»Pst, leise dahinten«, mahnt Frau Engel.

»Na gut.« Freda zieht den Reißverschluss von ihrem Buntstiftmäppchen auf. »Dann werde ich – IIIIEEEEHHHH!«

Ein markerschütternder Schrei gellt durch die Klasse.

Die anderen Kinder fahren erschrocken zusammen und schauen verdutzt zur Tischgruppe von Karen, Kiki und Freda hinüber.

Freda sitzt mit kreidebleichem Gesicht stocksteif auf ihrem Stuhl und starrt mit weit aufgerissenen Augen auf ihr Mäppchen.

»Was ist denn da los, zum Donner?«, sagt Frau Engel, steht auf und geht zu den Unruhestiftern.

»Nix«, sagt Karen.

»Gar nix«, sagt Kiki.

Und beide beugen sich über ihre Hefte und schreiben.

»D-d-d-da . . .«, sagt Freda und zeigt auf ihr Mäppchen.

»Was ist denn –«. Frau Engel beugt sich über den Tisch. »Ach, du meinst das da?« Und damit greift sie mit zwei Fingerspitzen in das Mäppchen und hebt eine dicke schwarze Spinne hoch. »Ja, was haben wir denn da?«

»Ihhh-grrrr-äh«, macht Freda und wendet sich schaudernd ab. »Eine g-g-g-ganz grässliche Sp-p-pinne . . .«

»Was denn?«, fragt Frau Engel. »Hast du etwa vor einer Spinne Angst?«

Als sie das Tierchen hochhebt, fangen die Ersten in der Klasse zu kichern an, dann folgen weitere und schließlich gibt es ein großes Gelächter.

»Vor Plastikspinnen natürlich nicht«, sagt Freda und schaut ihre beiden Tischgenossinnen wütend an. »Nur vor echten.«

»Dann musst du nächstes Mal genauer hinsehen, bevor du hier alles in Aufruhr versetzt.« Frau Engel lächelt. »Aber vielleicht ist es ja mal ganz gut, dass alle gesehen haben, dass auch die mutige Freda eine Schwachstelle hat.«

»Aber nur eine«, knurrt Freda. »Bloß eine einzige.«

Katerprobleme

»Und das ergibt welche Summe, Freda?«, fragt
Frau Engel.

Freda schreckt hoch. »Hä?«

Frau Engel runzelt die Stirn. »Das ist heute
schon das dritte Mal, dass du nicht aufpasst,
Freda! Langsam frag ich mich, wo du mit deinen
Gedanken bist!«

»Ähh . . . hier«, murmelt Freda.

Aber das ist gelogen.

In Wirklichkeit denkt sie dauernd an Mohrle.
Mohrle ist die Katze von Frau Kröller, ihrer
Nachbarin, und Mohrle kriegt Junge, und es kann
jeden Tag passieren, hat Frau Kröller gesagt.
Und gefragt, ob Freda ein Kätzchen will.
Natürlich will Freda ein Kätzchen!

Das ist nicht das Problem. Das Problem ist Mama.
Die will kein Kätzchen.

». . . na, Freda?«

Freda reißt die Augen auf. Frau Engel steht
direkt vor ihr und sieht verärgert auf sie runter.

»Jetzt reicht es aber. Komm nachher zu mir, du
kriegst eine Übungsaufgabe. Dann holst du
eben zu Hause nach, was du hier verpennst.«

Verpennst! Von wegen!

Freda hat ein Wahnsinnsproblem! Frau Engel
hat ja keine Ahnung!
Wie kann sie Mama nur klar machen, dass sie
unbedingt eine Katze will?
Freda beugt sich über ihr Matheheft und malt
eine Katze.
Und noch eine.
Eine getigerte und eine schwarze.

Wenn Mohrle so ein schwarzes Kätzchen
bekam . . . das wäre ja so toll!
Och, du meine liebe Güte – wie in aller Welt
kann Freda Mama überzeugen?
Sie schreckt zusammen, denn Karen hat ihr
einen Rippenstoß verpasst.

»Sie hat gerade die Hausaufgabe gesagt, du Pennerin!«, flüstert Karen. Dann schreibt sie in Fredas Heft: S. 49, Aufgaben 2–8.

»Ach ja«, sagt Frau Engel. »Freda, du machst bitte auch noch 9 und 10.«

Freda nickt geistesabwesend.

Das ist jetzt nicht wichtig.

In der Pause erzählt sie Karen von Mohrle und Frau Kröllers Angebot. Karen ist begeistert.

»Das wär toll!«, sagt sie und holt tief Luft. »Ein richtiges kleines Schmusekätzchen – Wahnsinn!«

Aber Karen hat keine Idee, wie man Mütter dazu bringt, ein Kätzchen zu erlauben. Ihre Mutter erlaubt auch keins.

In der nächsten Stunde haben sie Sachkunde, und das ist eigentlich Fredas Lieblingsfach.

Aber heute kann sie sich rein gar nicht auf das
konzentrieren, was Frau Engel erzählt.
Irgendwas von Vögeln und Samen. Und wie
Pflanzen sich dadurch verbreiten.
Freda grübelt.
Und wenn sie Mama verspricht, dass sie ab jetzt
jeden Tag ihr Rad selber aus dem Keller holt?
Und nie den Helm vergisst?
Wenn sie ab nun immer ihr Zimmer aufräumt?
Vielleicht reicht es ja auch, wenn sie verspricht
die Playmos immer wegzuräumen?
»Freda, Freda. Wo bist du bloß mit deinen
Gedanken? Bestimmt nicht bei unserem
Thema.« Frau Engel lächelt. »Was beschäftigt

dich denn? Oder ist es ein Geheimnis?« Freda
schüttelt den Kopf. »Nee, das nicht . . .«
»Aber?«, hakt Frau Engel nach.
»Es ist doch wegen Mohrle!«, platzt Karen da
heraus.
»Wegen Mohrle? Ist das deine Katze, Freda?«,
fragt Frau Engel.
»Nö, leider nicht«, sagt Freda und seufzt. »Sie
gehört unserer Nachbarin und kriegt Junge und
ich darf eins davon bekommen, aber meine
Mama will keine Katze in der Wohnung und ich
weiß nicht, wie ich sie rumkriegen soll.«
»Du musst sie erpressen«, schreit Kiki.
»Genau. Mit 'ner Pistole«, sagt Rasmus.

»Oder irgendwie zwingen«, ergänzt Dennis.

»Ihr habt ja'n Knall«, brüllt Freda empört. »Das ist doch meine Mama!«

»Deshalb!«, schreit Kiki wieder und alle lachen.

»Vielleicht solltest du mal ganz ruhig mit ihr drüber reden«, schlägt Frau Engel vor.

Freda stöhnt. »Hab ich doch schon tausendmal. Hilft nix. Bringt nix. Sie will nicht.«

»Hm.« Frau Engel überlegt. »Ehrlich gesagt, ich hätte auch Probleme mit einem Haustier. Versuch doch mal mich zu überzeugen.«

»Jetzt?«, fragt Freda erstaunt.

»Klar, jetzt«, sagt Frau Engel.

Freda zählt alle Argumente auf, die sie bislang bei ihrer Mama vorbrachte, und außerdem noch ein paar neue, die ihr gerade einfallen. Dass sie für die Katze selber sorgen will, dass sie nur ganz billiges Katzen-Trockenfutter braucht und es zur Not von ihrem Taschengeld bezahlen will, dass sie von jetzt an ihr Zimmer immer aufräumen will und nicht mehr mit ihrem Bruder rumzankt und . . . und . . .

Frau Engel hört zu und antwortet jedes Mal,
ganz ernsthaft, so wie Fredas Mama das auch
immer tut.
Nein, sagt sie immer wieder, auch wenn du dich
noch so tadellos benimmst: Eine Katze hat es in
einer engen Wohnung nicht schön.
Dann ist die Stunde zu Ende und Freda rennt
nach Hause.

Am nächsten Tag sitzt eine strahlende Freda auf
ihrem Platz, als Frau Engel die Klasse zur ersten
Stunde betritt.

»Na, Freda, du siehst ja sehr zufrieden aus!«,
sagt Frau Engel. »Was ist denn passiert?«
Freda kann vor lauter Glück nur flüstern, weil die
Wörter so wunderbar und kostbar sind.
»Mohrle hatte ihre Jungen gekriegt«, erzählt sie
ganz leise, »während ich in der Schule war. Und
Frau Kröller hat Mama zu Hilfe gerufen, weil
Mohrle Probleme hatte mit der Geburt. Und weil
Mama doch Krankenschwester ist. Und Mohrle
hat vier Kätzchen gekriegt. Und einen kleinen
Kater. Und der ist ganz schwarz. Und hat die
Augen noch ganz zu. So.« Sie kneift ihre Augen
zusammen und macht sie wieder auf.
»Und?«, fragt Frau Engel.
»Und dann hat Mama sich in den
Mohrlekatersohn verliebt«, flüstert Freda und
lächelt beglückt. Sie räuspert sich und spricht
mit der normalen Freda-Stimme weiter. »Ich
brauchte sie kein bisschen mehr zu überreden.
Und in acht Wochen dürfen wir ihn zu uns holen.
Aber bis dahin darf ich ihn jeden Tag
besuchen.«

70